Ruqayya

Prashant Kumar (Ahaan)

BookLeaf Publishing

India | USA | UK

Made with ❤ on the BookLeaf Publishing Platform
www.bookleafpub.in
www.bookleafpub.com

Dedication

To the ones who have touched my heart in ways words can never fully capture:

To **Frnd Ji**

To my **brother**, whose unwavering presence has been a constant source of strength. You've stood by me through the darkest nights and the brightest days, never once faltering. Your faith in me, even when I doubted myself, has been my greatest comfort.

To my **dearest friends**, both of you just mean so much to me, whose support is as steady as the stars in the night sky. In times when I felt lost or overwhelmed, your belief in me has been a guiding light. Your love, quiet yet powerful, has been the safe space I could always turn to, and for that, I am forever grateful.

And to my **lively friend**, the spark of joy that brightens every moment. You are the heartbeat of our friendship, always animated, always full of life. Your laughter is a melody that never fades, and your joy is contagious, reminding me daily that happiness is found in the little moments. And thank you for making me come out of this thing called writer's block.

Each of you is a part of the soul of this book, woven into the verses with love and gratitude that only the heart understands. This book is as much yours as it is mine. Thank you for being the family I chose, for being my strength, my joy, and my unwavering support.

Preface

This collection of poems is a journey through love—its highs, its lows, and everything in between. Love isn't just one feeling; it's a collection of moments that bring joy, pain, growth, and everything that makes us feel alive. From the soaring heights of connection to the quiet, tender lows of longing, every word here reflects a different shade of love's complex beauty.

Through it all, I've been blessed with friends who have been my steady companions. Their support has been the anchor in moments of doubt, their laughter the light in moments of darkness. In their presence, I've learned that love is not just something we feel, but something we live, together.

This book is for the love that lifts us up and the love that teaches us to stand again after every fall. It is for the friends who make us stronger, the moments that make us vulnerable, and the connections that make everything worthwhile.

Acknowledgements

I want to say a big thank you to everyone who's been with me through this rollercoaster ride. My friends, you've been there for me no matter what making me laugh and showing me the way when things got tough. To the people I've loved and lost, your stories and memories are now part of my writing showing me how beautiful and fragile our connections can be. This book is all about our shared experiences, and I hope it touches you as much as it has touched me. Thanks for making me feel these emotions, inspiring me to write.

1. महादेव

त्रिनेत्र जिनका ख़ास है,
कैलाश पे उनका निवास है।

दुनिया के वह रचेयता हैं,
उन्होंने विष को खुद में समेटा है।

अस्तित्व जिनका नाश है,
वह काल का भी विनाश है।

यह ही शिव, यह ही शक्ति हैं,
यह हर मुनि की भक्ति हैं।

भैरव हैं वह, वह ही हनुमान हैं,
वह खुद में ही शमशान हैं।

गंगा बसी जटाओं में,
डमरू, त्रिशूल भुजाओं में।

महान जिनका काम है,
महादेव उनका नाम है।

त्रिनेत्र इनका ख़ास है,
कैलाश पे इनका निवास है।

2. कविता

मैं तुम पर एक कविता लिखना चाहता हूँ...
मैं तुम्हारी आँखों के बारे में, लबों के बारे में, या तुम्हारी जुल्फ़ों के बारे
में नहीं लिखूंगा,
क्योंकि ये सभी तो वक़्त के साथ ढल जाएंगे, मैं तुम्हें लिखना चाहता
हूँ,
मैं तुम पर एक कविता लिखना चाहता हूँ।

तुम अपने अब्बू की इज़्ज़त हो,
सीख हो अपनी अम्मी की,
मान हो अपने भाई का,
निशान हो अपनी बहनों की परछाई की,
तुम किसी दरगाह की पाक सी ज़मीन हो,
जिसका आशियाना किस्मत वालों को ही नसीब होता है,
तुम वो किनारा हो जिस पर ठहरने लिए ये लहरें उठा करती हैं,
तुम वो ग़ज़ल हो जो मक़्ते के बिना भी दिल को छू जाती है,
तुम दरिया सी शांत रहती हो,
जिसकी मैं खामोशी बनना चाहता हूँ,
मैं तुम पर एक कविता लिखना चाहता हूँ।

तुम उस रात सी हो जिसके बिना ये सुबह मुकम्मल नहीं हो सकती,
तुम वो शख़्स हो जिसके साथ मेरा सालों से महफ़ूज़ रखा हुआ लम्हा
बाँटा जा सकता है,
तुम वो जवाब हो जिसे मैं सदियों से ढूँढ रहा था,
तुम वो लड़की हो जिसे पहली नज़र में देख मैं दिल हार चुका हूँ,

मैं तुम पर एक कविता लिखना चाहता हूँ।

तुम वो कहानी हो जिसे खुद खुदा ने भी बड़ी ही फुरसत में लिखा है,
तुम मौसम की पहली बारिश हो जिसका ज़िक्र हर ज़बान पर होता है,
तुम उस धागे सी हो जो खुद से लिपटे हुए हर मोती को अपने आप से
पिरोये रखती है,
तुम इन हवाओं जैसी हो,
जिनमें मैं बहना चाहता हूँ,
मैं तुम पर एक कविता लिखना चाहता हूँ।

तुम इस बड़े से संसार में वो घर हो जो दिल को सुकून और मन को
चैन देता है,
तुम मेरे हर हर्फ़ का सार हो जिनके बिना ये सब बेमतलब से लगते हैं,
तुम एक कहानी हो जिसे लोग सिर्फ पढ़ते ही नहीं हैं बल्कि अपने
दिल में बसाते हैं,
तुम किसी ख्वाब सी हो जो मेरी आँखों के चौखट पर घर कर गई है,
मैं इस ख्वाब को हकीकत बनाना चाहता हूँ,
मैं तुम पर एक कविता लिखना चाहता हूँ।

तुम सूरज की रोशनी हो जो दिन के उजाले में अपनी ऊर्जा से हिम्मत
देती है,
तुम उस चाँद की चाँदनी भी हो जो रात के अँधेरे में बड़ी ही शीतलता
से रास्ता दिखाती है,
तुम किसी गीत के वो बोल हो जिसे भुला कर भी कोई नहीं भूल
सकता,
तुम वस्ल की बात पर आने वाली शर्म हो बिल्कुल मासूम सी,
मैं उस मासूमियत की वजह बनना चाहता हूँ,

मैं तुम पर एक कविता लिखना चाहता हूँ।

तुम किसी राज़ सी हो,
बिल्कुल सच और जिसे सदियों तक दिल में संभाला जाता है,
तुम वो हंसी हो जो रह रह कर मेरे होठों पर आ जाया करती है,
तुम वो आरज़ू हो जिसके मुकम्मल होने की दुआ ये अहान करता है,
तुम उस परी सी हो जो ख्वाबों की दुनिया में हकीकत सी लगती है,
इसलिए, इसलिए मैं तुम्हें लिखना चाहता हूँ,
तुम्हें अपने ज़हन में बसाना चाहता हूँ,
मैं तुम पर एक कविता लिखना चाहता हूँ।

3. क्या लिखूँ

मैं तुम्हें आसमान की ऊँचाइयों सा लिखूँ या धरती की गहराईयों सा लिखूँ,

मैं तुम्हें लहरों के बहाव सा लिखूँ या किनारों के ठहराव सा लिखूँ,

मैं तुम्हें दिन के शोर सा लिखूँ या रात के सन्नाटे सा लिखूँ,

मैं तुम्हें ज़िन्दगी की हकीकत सा लिखूँ या ख्वाबों की उस हसीन दुनिया सा लिखूँ,

मैं तुम्हें सूरज की गर्मी सा लिखूँ या चाँद की ठंडक सा लिखूँ,

मैं तुम्हें हिंदी के प्यार सा लिखूँ या उर्दू के इश्क सा लिखूँ,

मैं तुम्हें किसी बच्चे की नादानी सा लिखूँ या किसी बड़े - बुज़ुर्ग की समझदारी सा लिखूँ,

मैं तुम्हें मंदिर की आरती सा लिखूँ या मस्जिद की नमाज़ सा लिखूँ,

मैं तुम्हें तुम सा लिखूँ जैसी कि तुम हो, या जो तुम बनने की कोशिश कर रही हो उस सा लिखूँ,

मैं तुम्हें तुम्हारी मुस्कुराहट सा लिखूँ या तुम्हारी नम आँखों सा लिखूँ,

माफ़ करना...पर अगर तुम इजाज़त दो तो क्या मैं तुम्हें अपना लिख लूँ?

4. आदत

यूँ मोहब्बत ना लुटाते तुमपे,
तुम्हारा नज़रें मिलाना ये आदत बना गया।

यूँ हर किसी से तुम्हारी बातें ना करते,
तुम्हारा हर पहर मुझसे बात करना ये आदत बना गया।

यूँ बेवजह मुस्कुराते ना हम,
तुम्हारा ख्यालों में बसना ये आदत बना गया।

यूँ सँवारा नहीं खुद को मुलाक़ातों के लिए कभी,
तुम्हारा मुझसे मुलाक़ात करना ये आदत बना गया।

यूँ तोहफे खरीदते हुए उलझन में ना पड़े थे कभी,
तुम्हारा उनको अपना लेना ये आदत बना गया।

यूँ बेख़बरी का आलम इतना ज़्यादा ना हुआ था कभी,
तुम्हारा करीब आना इस बेखबरी को आदत बना गया।

यूँ तो ख़्वाहिशें ज़्यादा हुई नहीं कभी,
तुम्हें गले लगाने की ख्वाहिश ये आदत बना गई।

यूँ तो खुद पे किसी को हक जताने नहीं दिया कभी,
तुम्हारा वो हक जता कर डाँट लगाना ये आदत बना गया।

यूँ तो मयखानों से दूर ही रहे हम,
तुम्हारा अकेला छोड़ जाना ये आदत बना गया।

यूँ तुमसे तुम्हारे बिना मोहब्बत करने का सोचा ना था,
तुम्हारा बेवजह चले जाना ये आदत बना गया।

5. हाय

यूँ तो तुम्हारी हर अदा कमाल है,
पर मेरी नादानियों पर वो तीखी निगाहों से देखना...हाय।

यूँ तो तुम्हारी हर बात कमाल है,
पर मेरी हर बात को दर - किनार करने वाला तुम्हारा वो 'हम्म'...हाय।

यूँ तो तुम्हारी मुस्कुराहट कमाल है,
पर ये नज़्म सुन कर जो हँसी और शर्म तुम्हारे चेहरे पर है...हाय।

यूँ तो तुम्हारी मोहब्बत कमाल है,
पर जो मोहब्बत तुमने मुझे खुद से दूर कर के भी जताई...हाय।

यूँ तो तुम पूरी ही कमाल हो,
पर तुम्हारा वो पहलू जो तुमने सब से छुपाया है, मुझसे भी, गर उससे मिल जाऊँ तो...हाय।

6. रहने दे

यूँ मेरा हर राज़ मत उतार इन कागज़ों पे अहान,
कुछ बातें सिर्फ हमारे दरमियान ही रहने दे।

तू ज़रा ख़फ़ा है माना मुझसे,
ये नाराज़गी भी तेरे - मेरे दरमियान ही रहने दे।

दो पल को रूठता है तू, जानती हूँ मैं,
चल अब ये झूठा इतराना रहने दे,

मैं रूठूँ तू मनाये, तू रूठे तो भी तू ही मनाये,
ये सिलसिला भी सिर्फ तेरे - मेरे दरमियान रहने दे।

बारिश का मौसम आजकल ज़ोरों पे है,
तुझे नापसंद होने का अब ये झूठा बहाना रहने दे।

वैसे पसंद तुझे भी थी ये बारिशें कुछ साल पहले तक,
इस राज़ के राज़ को तेरे - मेरे दरमियान ही रहने दे।

कभी बातें होती हैं तो कभी नहीं,
इस कहानी को तू रफ़्ता - रफ़्ता ही चलने दे।

तुझे दीदार की चाह हो और मैं तस्वीर लगाऊँ,
इस हसीन कहानी को बस तेरे - मेरे दरमियान रहने दे।

7. इतनी सी मोहब्बत

मैं तुमसे बस इतनी सी मोहब्बत ही तो चाहता हूँ,
कि कल को जब कोई तुमसे तुम्हारी खुशियों की वजह पूछे,
तो भले ही सबसे आखिर में सही पर तुम मेरा नाम ले सको।

कल को जब कोई तुमसे तुम्हारी, अब तक की ज़िन्दगी के कुछ सबसे
हसीन पल पूछे,
तो तुम मेरे संग बिताये हुए कुछ पलों का भी ज़िक्र कर सको।

मैं तुमसे बस इतनी सी मोहब्बत ही तो चाहता हूँ,
कि कल को जब कोई तुमसे तुम्हारे किसी अधूरे ख्वाब के बारे में पूछे
तो तुम मेरा नाम ले सको।

कल को जब कोई तुमसे भरी महफिल में तुम्हारी खामोशी की वजह
पूछे तो तुम मेरी तरफ इशारा कर सको।

मैं तुमसे बस इतनी सी मोहब्बत ही तो चाहता हूँ,
कि जब भी तुम अकेला महसूस करो,
किसी का साथ चाहिए हो तो तुम मुझे पुकार सको।

कल को जब कोई तुमसे उस सूखे हुए गुलाब को आज भी संभाल के
रखने की वजह पूछे तो तुम मेरी तस्वीर दिखा सको।

मैं तुमसे बस इतनी सी मोहब्बत ही तो चाहता हूँ,
कि कल को जब मैं तुम्हारी अम्मी के सामने तुम्हारे बनाए खाने की

तारीफ करुँ तो तुम मेरी तरफ देख कर शर्मा सको।

आज जब मैं तुमसे इतनी दूर हूँ नए से चेहरों के बीच,
जब मुझे तुम्हारी ज़रूरत है तो मैं तुम्हें अपने पास बहुत पास महसूस
कर सकूँ,
बस इतनी सी मोहब्बत ही तो चाहता हूँ मैं तुमसे।

8. आरज़ू

उन बीते हुए लम्हों की तलाश है मुझे,
एक लड़की है जिसके आने की आस है मुझे।

वो आए, बैठे, भले कुछ ना कहे,
उसकी साँसों का एहसास हो मुझे,
एक लड़की है जिसके आने की आस है मुझे।

कई महीनों से एक दूसरे का हाल भी नहीं जाना है हमने,
उन चाँद रातों की दरखास्त है मुझे,
एक लड़की है जिसके आने की आस है मुझे।

दर - बदर फिरता हूँ उसकी याद में,
उसके केसुओं की छाँव की चाहत है मुझे,
एक लड़की है जिसके आने की आस है मुझे।

उसने कहा था कि वो आएगी,
दिन कई बीत गए ना जाने ये कैसी प्यास है मुझे,
एक लड़की है जिसके आने की आस है मुझे।

उससे बातें किये एक अरसा हुआ है,
उसकी आवाज़ सुनने की तलब है मुझे,
एक लड़की है जिसके आने की आस है मुझे।

कहती है कि भूल चुकी है सब कुछ,

कहानी जो अधूरी है मगर फिर भी उसे सुनानी है मुझे,
एक लड़की है जिसके आने की आस है मुझे।

14

उन बीते हुए लम्हों की तलाश है मुझे,
वो आरज़ू है जिसके आने की आस है मुझे।

9. अहान

जिससे मैंने प्यार किया था,
वो लड़का बड़ा ही आम था,
भीड़ का हिस्सा था वो भी,
पर बनाना उसे अपना अलग नाम था।

वक़्त बुरा था उसका,
शायद क़िस्मत का अभाव था,
कर तो सकता था बहुत कुछ,
पर निकला बड़ा नाकामयाब था।

साथ चाहिए था उसे उस वक़्त,
पर मैंने उससे मुँह फेरा था,
समझ ना आया कि ये सही किया या ग़लत किया,
आम था ही, नाकामयाब भी होगा, इसका क्या बेरा था।

नाकामयाबी का नशा कुछ ऐसा चढ़ा,
कि फिर हर नशे को उसने चखा,
सहारा लिया औरों के कंधों का,
औरों के घर फिर चढ़ा।

शक करने लगा है मोहब्बत पे मेरी,
पूछता है दूसरा यार कौन है,
शायद औरों की बाहों में था जो ऐसा कहा,
वर्ना ऐसा पूछने वाला वो होता कौन है।

मोहब्बत से डरने लगा है शायद कायर है,
नाम क्या बताऊँ मैं उसका,
मोहब्बत थी जिस आम से लड़के से,
अब वो अहान शायर है।

10. शख़्स

एक शख़्स है,
जिसकी ज़िन्दगी का कभी एक हिस्सा था मैं,
एक शख़्स है,
जिसकी नादान सी कहानियों का कभी एक क़िस्सा था मैं,
ना जाने कहाँ भूल बैठा है मुझे वो,
इश्क तो उसका भी पाकीज़ा सा था।

एक शख़्स है,
मुझे देख कर जिसकी लबों पे मुस्कुराहट बिखर जाया करती थी,
एक शख़्स है,
मेरे होने ना होने से जिसे तब फ़र्क पड़ता था,
एक शख़्स है,
जो कभी मुझसे निगाहें मिलाया करता था,
ना जाने कोन सा सच बसाए बैठा है आँखों में,
आज नज़रें मिलाने से डरता है।

एक शख़्स है,
जो कभी अपने ख़ुदा से मेरा नाम ले मेरी सलामती की दुआ माँगा
करता था,
एक शख़्स है,
जिसकी शामों में कभी मेरा भी एक लम्हा हुआ करता था,
एक शख़्स है,
जो अपनी सियाह रातों में कभी मुझे अपनी कहानियाँ सुनाया करता
था,

ना जाने उन रातों का अंधेरा किन उजालों के पीछे खो गया,
कहानियाँ आज भी हैं, सुनने को राज़ी मैं भी इंतजार में बैठा हूँ।

एक शख़्स है,
जिसने कभी कुछ सपने देखे थे मेरे साथ,
एक शख़्स है,
जिसके लिए मैं कभी उसका साथ देने वाला हमसफ़र हुआ करता था,
एक शख़्स है,
जिसकी रूह छुई थी मैंने कभी, वो भी मुझे मुझसे बेहतर जानने का
दावा आज तक करता है,
न जाने वो दावा आज कहाँ खो गया है, मेरे हर पहलू से वाकिफ तो
वो आज भी है।

11. शायर

ये जो इनकार-ए-वस्ल की रट लगाए बैठे हैं ना,
कब्र पर हमारी मुलाकात को रोएंगे।

ना - उम्मीदी थी हमें जिनसे,
क्या मालूम था कि उनसे बात कर रोयेंगे।

पायल की छनकार को तरसेंगे ये कान अब उम्र भर,
कि वो पायल अब उन पैरों को रोयेंगे।

कुछ ख्वाब सजाये उस रात को हमने,
अब हम उन लम्हों को रोएंगे.

तुम जिन्हें ना समझ सकी,
हम उन बातों को रोयेंगे.

कोयला कहा कहा था जिसने हमें कभी,
वो अब कल हमें हीरा देख कर रोएंगे।

तुम ख़ुश रहो, कल भी ये दुआ है,
बस ये गलतफ़हमी ना रखना कि हम कल में रोएंगे।

जी अब दिल नहीं दुखता जनाब,
तुम्हारे इरादे हमें कब तक रुलाएंगे।

लगता है तुम पहचाने नहीं हो अभी हमें,
हम शायर हैं, अपने शब्दों से रूला कर रोएंगे।

20

12. याद

लफ़्ज़-ब-लफ़्ज़ तुम्हारी हर बात याद है,
तुम्हारे साथ जो गुज़ारे हैं उन दिनों में बसा हर इक पल, हर लम्हा याद
है,
वो जो तुम्हारे गालों से हो कर फिसला था, हर आँसू का हर इक कतरा
याद है,
क्या तुम्हें भी कुछ याद है?

तुम्हारी हर कहानी का हर क़िस्सा, हर किरदार याद है,
तुम्हारी हर वो याद जिनको बताते हुए तुमने कहा था कि "आज तक
किसी को नहीं बताया, सिर्फ तुम्हें बता रही हूँ" तुम्हारी हर वो याद
याद है,
तुम्हारे लबों पे आ कर भी जो बयान नहीं की तुमने, तुम्हारी हर वो
बात याद है,
क्या तुम्हें भी कुछ याद है?

वो दूध से बनी चीजों के नापसंद होने वाली बात,
पायल से ज़्यादा उसकी छनकार पसंद होने वाली बात,
गोलगप्पे देख कर तुम्हारा मन ललचाने वाली बात,
पता है इस पसंद नापसंद के चक्कर में मैंने अब गोलगप्पे खाने शुरू
कर दिए हैं,
एक पायल भी खरीदी है तुम्हारे लिए,
ये सब बातें तो खैर होती रहेंगी पहले इस सवाल का जवाब दिया जाए
कि,
क्या तुम्हें भी कुछ याद है?

तुम्हारे संग बस यूँ ही बातों में हर रात को सुबह करना, मुझे वो हर
रात याद है,
तुम्हारा बचपना, तुम्हारा बढ़प्पन, तुम्हारी मासूमियत, तुम्हारी शरारत,
तुम्हारा हर पहलू याद है,
मैं बारिश में छाँव ढूँढता था, और तुम उसमें भीगने के खेलने के बहाने,
तुम्हारे संग भीगी हर बरसात याद है,
क्या तुम्हें भी कुछ याद है?

मेरा तुम्हारे करीब आना याद है,
तुम्हारा मुझसे दूर जाना याद है,
तुम्हारी मोहब्बत याद है,
तुम्हारी नफ़रत भी याद है,
मुझे तुम से जुड़ी हर बात, हर याद, हर क़िस्सा याद है,
तुम बताओ क्या तुम्हें तुम्हारा अहान याद है?

13. दिवाली

पिछली दफ़ा जो दिया जलाया था उसे हवाओं से बचाना,
तुम्हें मंज़ूर हो तो ये दो साल पुरानी पायल अपने पैरों में सजा लेना।

बस अब तुम जो मिलने आ गई हो इस शाम,
आज की दिवाली मुकम्मल है, इसी तरह अगली दफ़ा भी झलक
दिखा जाना।

ये तोहफ़ा बेशक तुमने बस एक दोस्त की तरह अपनाया है,
इस बात से तुम्हारी जो तकलीफ़ मिली है मुझे इन शब्दों में पढ़ लेना।

तुम्हारा ये सवाल मुझसे कि 'क्या अब भी कुछ उम्मीदें हैं तुम्हारी...?',
ज़रूरी था इस सवाल का हमारे दरमियान आना।

ज़ाहिर है कि उम्मीदें आज भी हैं,
और ना ही तुम इस बात से अंजान हो,
याद होगा तुम्हें मेरी माँ के लिए साड़ी खरीदने को बुलाना।

माना तुम अब सिर्फ एक दोस्त समझती हो मुझे,
पर क्या ज़रूरी है यूँ तुम्हारा हर बार इस बात को जताना।

पिछली दफ़ा जो दिया जलाया था उसे हवाओं से बचाना,
तुम्हें मंज़ूर हो तो ये दो साल पुरानी पायल अपने पैरों में सजा लेना।

बस अब तुम जो मिलने आ गई हो इस शाम,

आज की दिवाली मुकम्मल है, इसी तरह अगली दफ़ा भी झलक दिखा जाना।

24

14. भूल गए तुम

अच्छा सुनो...यार कहाँ हो, कैसी हो, खैरियत से तो हो, जवाब भी नहीं
देते तुम,
क्या पहचाना नहीं...नाम दिया था अहान तुमने, लगता है भूल गए
तुम।

यार ऐसा भी क्या हुआ कि खुशियों से दूर हो गए तुम,
खुद से जुदा कर खुद ही कि हँसी भूल गए तुम।

कुछ ज़ख्म क्या मिले ज़िन्दगी से कि जीना भूल गए तुम,
मरहम भी तो हैं, शायद लगाना भूल गए तुम।

क़िस्से, कहानियाँ, लम्हें, शायद जिन्हें भूलना था उन्हें याद रखा,
जिसे तुम्हें याद रखना था उसे ही भूल गए तुम।

वो जो साथ छोड़ गए उनको याद रखा,
और जो साथ देने की मिन्नतें कर रहा है उसे भूल गए तुम।

तुमने कहा था कि तोहफ़े रखे हैं अब भी संभाल कर,
तोहफ़े जिसने दिए उसे ही भूल गए तुम।

ऊपर से नीचे तक सज सँवर के आई हो,
माथे पे बिंदी, आँखों में काजल, हाथों में चूड़ीयाँ,
बस जो पायल तोहफ़े में दी थी उसे पहनना भूल गए तुम।

शायद...शायद कभी खुद से कहती होगी,
कि अहान याद आते हो बहुत,
पर अब ना अहान ना अनुज...यार भूल गये तुम।

गलतियाँ न जाने कितनी हुईं कि नज़रअंदाज़ करने लगे तुम,
यार अब क्या ही बोलें...बस भूल गए तुम।

15. रक़ीब

माना रक़ीब तुम काबिल हो ज़रा ज़्यादा,
हर बात में बेहतर हो,
चलो बताओ क्या एक दफा में उसके घर की गली का पता जानते हो
?

हाथ थाम लिया होगा तुमने,
बाहें भी शायद कस ली होंगी,
अब ये बताओ क्या उसकी आँखों में लिखा पढना जानते हो ?

आदतें बता दी होंगी उसने भी तुम्हें अपनी सारी,
हिंदी की गिनती बोलने में उसकी परेशानी जानते हो ?

यूँ तो पायल बेहद पसंद है उसे,
पर पहनने से ज़्यादा, उनकी छनकार प्यारी लगती है, बोलो ये जानते
हो ?

आज भी कहती है कि तकलीफ़ें बहुत हैं,
दूध से बनी चीज़ों से होने वाली तकलीफ़ के बारे में जानते हो ?

अहान का लिखा पढ़ के लुभाने की कोशिश कर रहे हो उसे,
ये नाम उसी ने दिया है क्या ये जानते हो ?

16. कैसे समझाऊँ उसे

वो कहता है कि मैंने उसके जज़्बातों का मज़ाक बनाया...
वो कहता है कि मैंने अपने दोस्त का मज़ाक बनाया...
वो कहता है कि मैंने उसकी मोहब्बत का मज़ाक बनाया...
अब उसे कैसे समझाऊँ कि एक अकेला वही तो नहीं, मेरा परिवार भी तो है...
जज़्बात सिर्फ उसके ही नहीं, मेरे परिवार के भी तो हैं।

अब उसे कैसे समझाऊँ कि मोहब्बत तो मैं भी करती हूँ, या शायद करती थी...
इस बात की एक अलग सी ही जंग चल रही है मुझ में।

उसे कैसे समझाऊँ कि एक दरिया इन आँखों में भी है, जिसे मैं आँसुओं के सहारे बहा नहीं सकती।

उसे कैसे समझाऊँ कि एक उदासी इस हँसी के पीछे भी है, जिसे किसी के सामने बयान नहीं कर सकती।

उसे कैसे समझाऊँ कि चेहरे के इस नूर के पीछे एक अंधेरा भी है, जिसे मैं उजाले में ला नहीं सकती।

उसे कैसे समझाऊँ की दिल धड़कता आज भी है, पर अब धड़कने खामोश हैं।

उसे कैसे समझाऊँ कि आज रूह बेचैन है, जिसे उसकी बाहों में

मिलने वाली सुकून की तलाश है...पर अब ये भी मुमकिन नहीं।

कैसे समझाऊँ कि अब मैं ही मैं ना रही,
मुझमें कुछ मेरा ना बचा,
उसे कैसे समझाऊँ कि मेरे जज़्बातों का क़त्ल मैंने खुद किया है...अब
इससे बढ़ कर क्या बताऊँ उसे।

कोई तो बताए कैसे समझाऊँ उसे...
कैसे समझाऊँ उसे...

17. देखते हैं

औरों की नज़र की परवाह ना की,
इसलिए हम औरों से अलग देखते हैं,
तुम पर्दे में हो या कर दो बेपर्दा खुद को,
हम हर घड़ी तुम्हें जी भर के देखते हैं।

वो छुप - छुप के तुम्हें देखने का अब लुत्फ ना रहा,
क्योंकि अब हम तुम्हें तुम्हारी मर्जी से देखते हैं,
तुम्हारे पलटते ही आँखें फेर लेना भी एक कला थी,
कब तक तुम करती हो इसे नज़रअंदाज़ देखते हैं,
कि अब तो हम हर घड़ी तुम्हें जी भर के देखते हैं।

करवा लो तुम दस्तखत चाहे कागज़ात पे,
हम भी कलम लिए तुम्हारी राह देखते हैं,
शर्तें मंज़ूर हैं तमाम हमें,
हम तो अब बस फेरों के ख्वाब देखते हैं।

तुम भी तैयारी कर लो सारी अपनी तरफ से,
कि अब तो हम तुम्हें बस लाल जोड़े में देखते हैं,
साथ निभाने के वादे की उम्मीद हम तुमसे भी रखते हैं,
बात कुछ ऐसी है कि अब आगे की ज़िन्दगी तुम्हारे नाम जो करते हैं,
कि अब तो हम हर घड़ी तुम्हें जी भर के देखते हैं।

18. मैं

क्यों इस कदर खुद में ही उलझा हूँ मैं,
क्यों अपने ही आप से इतना डरता हूँ मैं,
ख्यालों से अपने इतना हैवान हूँ कि ना जाने कैसा शैतान हूँ मैं।

तुम्हारी कहानी में शायद एक किस्सा हूँ माना,
मगर ये भी मानो कि तुम्हारे लिए एक श्राप हूँ मैं,
तुम समझते हो मुझे यकीनन इसमें कोई शक नहीं,
पर मैं खुद को समझ सकूँ ऐसा कहाँ इंसान हूँ मैं।

होऊंगा राम सा कुछ बातों से तुम्हारे लिए,
पर कहता हूँ ना तुमसे कि खुद में ही रावण हूँ मैं,
रावण सा ज्ञानी तो नहीं पर उसके नाम पर एक अपमान हूँ मैं।

कुछ ख्वाब सजाए थे तुमने जानता हूँ,
कुछ पल की खुशियाँ दे कर गमों का संसार हूँ मैं,
माफ़ी माँगना चाहता हूँ पर कैसे कहूँ,
तुम तो जानती हो कि हारा हुआ इंसान हूँ मैं।

19. डॉन

नाम तुम्हारा शख़्सियत बताता है तुम्हारी,
'रोशनी', सोच समझ कर नाम रखा गया है तुम्हारा,
घर में तुम्हारे होने से एक अलग ही रोशनी जो बिखर जाती है,
उस रोशनी से सबके चेहरे पर हँसी लाना कोई तुमसे सीखे।

रोशनी एक आम सा नाम,
पर इस नाम का जो काम है,
उस काम कोई तुमसे सीखे।

हँसी - मज़ाक करना तुम्हारी पहचान बन चूका है,
बिना किसी का दिल दुखाए उसे हँसाना कोई तुमसे सीखे।

शायद ज़िन्दगी में किसी बात की फ़िक्र ना करते हुए बिंदास रहना
अंदाज़ है तुम्हारा,
ज़िन्दगी की बेफ़िक्रियों को हँसते हुए संभालना कोई तुमसे सीखे।

कोई तुमसे रूठ जाए ऐसा हो नहीं सकता,
तुम्हारा मिजाज़ ही कुछ ऐसा है,
गर फिर भी कोई रूठ जाए तो उसे मनाना कोई तुमसे सीखे।

अपने अंदाज़, अपनी शख़्सियत से सब के दिलों में बस्ती हो तुम,
जहाँ भी जाती हो उस जगह खुशियाँ बिखेर जाना कोई तुमसे सीखे।

20. मुक्केबाज़

सही नाम दिया है अंकल - आंटी जी ने तुम्हें 'पुष्पा'
उनके इस छोटे से बाग़ में एक कली तुम भी तो हो,
उस कली से फूल बनने का हुनर कोई तुमसे सीखे।

ज़िन्दगी के गमों को हँसी में उड़ाना कोई तुमसे सीखे,
किसी से तुलना नहीं कर रहा, पर सच्ची, मुस्कुराना कोई तुमसे सीखे।

बच्चों के मन की बातें जान लेती हो शायद तुम,
उनके साथ हँसना, खेलना, शरारतें करना कोई तुमसे सीखे।

तमाम मुश्किलें हैं दुनिया में, लड़ते - लड़ते बिखर जाते हैं जो,
उन रिश्तों को संभालना कोई तुमसे सीखे।

महौल ख़ुशनुमा सा रहता है तुम्हारे मिजाज़ से,
गिला - शिकवा करते हुए इंसान को मोहब्बत सिखाना कोई तुमसे
सीखे।

अपने अंदाज़, अपनी शख़्सियत से दोस्ती करना कोई तुमसे सीखे,
दोस्त तो बहुत मिले हैं ज़िंदगी में,
पर कुछ पलों की दोस्ती निभाना कोई तुमसे सीखे।

21. पोहा गर्ल

यूँ तो बेइंतेहाँ मासूमियत है शख़्सियत में आपके,
पर वो शरारत भरी आँखें कमाल हैं।

बातों में बेहद सादगी है,
पर वो तंज भरा लहज़ा कमाल है।

और फिर चेहरे पे आते उन भावों का क्या ही कहना,
वो हर एक भाव कमाल है।

औरों की नोज़पिन का तो पता नहीं,
पर आपकी नोज़रिंग कमाल है।

सभी कलावे बदलते रहते हैं,
कलाई पे बंधा ढाई साल पुराना धागा कमाल है।

ज़रा सी नसमझी है माना मैंने,
पर पोहा गर्ल आपकी दोस्ती कमाल है।